VENTE APRÈS DÉCÈS

De Monsieur le Prince Lubomirsky

PORCELAINES ANCIENNES

OBJETS DE VITRINE

ORFÈVRERIE, BIJOUX

COMMISSAIRE-PRISEUR
Me J. ENGELMANN
3, rue des Mathurins

EXPERTS
MM. PAULME et B. LASQUIN FILS
10, r. Chauchat | 11, r. de la Grange-Batelière

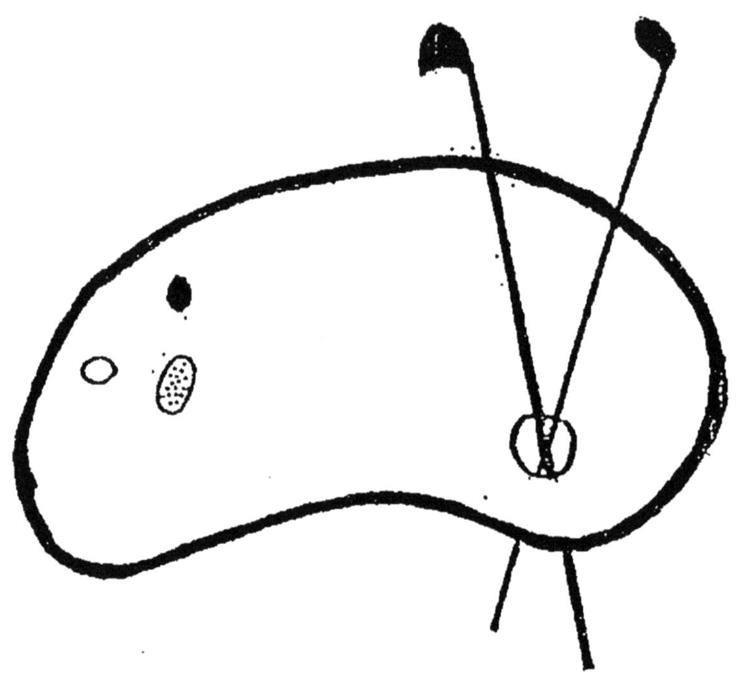

FIN D'UNE SERIE DE DOCUMENTS
EN COULEUR

CATALOGUE

DES

Porcelaines Anciennes

DE

BERLIN, CHINE, JAPON, SAXE, SÈVRES, VIENNE

OBJETS DE VITRINE

ANCIENS ET MODERNES

Miniatures, Boîtes, Étuis, Coffrets, etc.

ORFÈVRERIE — BIJOUX

ARGENTERIE DE TABLE, MONTRES

BOURSE EN OR, NOMBREUSES ÉPINGLES DE CRAVATES, ETC.

OBJETS DIVERS

DONT LA VENTE

Après décès de Monsieur le Prince LUBOMIRSKY

AURA LIEU

HOTEL DROUOT, SALLE N° 5

LE JEUDI 16 NOVEMBRE 1911

à deux heures

COMMISSAIRE-PRISEUR	EXPERTS
Me J. ENGELMANN	MM. PAULME & B. LASQUIN Fils
3, rue des Mathurins	10, rue Chauchat | 11, rue Grange-Batelière

EXPOSITION PUBLIQUE

Le Mercredi 15 Novembre, salle n° 3, de 1 h. 1/2 à 5 h. 1/2

CONDITIONS DE LA VENTE

Elle sera faite au comptant.

Les adjudicataires paieront *dix pour cent* en sus des enchères.

L'exposition mettant le public à même de se rendre compte de l'état et de la nature des objets, aucune réclamation ne sera admise une fois l'adjudication prononcée.

Paris — Imp. de l'Art. Ch. Berger, 41, rue de la Victoire.

DÉSIGNATION

ORFÈVRERIE, BIJOUX

1 — Quatorze pièces en argent : cuillères à sucre en poudre, deux pinces à sucre, quatre pelles à sel, services à hors-d'œuvre, pelle à gâteaux, cuillère à punch, etc.

2 — Vingt et une fourchettes à huîtres en argent, manches ivoire, deux modèles, et huit cuillères à café en argent.

3 — Vingt-quatre porte-couteaux et six salières en argent et cristal.

4 — Quatre flacons à odeur en cristal taillé, bouchons en argent.

5 — Quatre salières en argent à trois pieds, à têtes de béliers.

6 — Boîte ronde avec couvercle en argent gravé de feuillages.

7 — Trois ronds de serviettes, un coquetier et sa cuillère, une lampe allume-cigares, forme vase en argent ciselé. Style Louis XVI.

8 — Boite de voyage incomplète, comprenant : deux grandes fourchettes, une grande cuillère, une cuillère à entremets, une cuillère à café, deux pelles à sel et moutarde, une boîte à épices, un grand couteau et un couteau à fruits en argent.

9 — Vingt-quatre couteaux à dessert, manches argent, dont douze avec lames argent.

10 — Une louche, deux cuillères à ragoût, dix-huit grandes fourchettes, vingt-huit cuillères à café en argent, modèle à filets, marque *Boianowski*, dix-sept grands couteaux, manches argent.

11 — Une louche, douze fourchettes et deux cuillères à ragoût en argent.

12 — Deux douzaines de cuillères à café, manches argent fondu, style Renaissance. Travail étranger.

13 — Plateau rond en argent repoussé, gravé, bord à godrons. Ancien travail étranger.

14 — Flacon à thé, en argent repoussé. Travail ancien étranger.

15 — Petit pot avec couvercle à charnière et à une anse, deux parties de coupes en forme de pomme de pin et de coquille, deux pieds de coupes, une sonnette, trois petites coupes, dont une à trépied, deux cuillères et un petit couvercle ajouré en argent repoussé et gravé.

16 — Petite soupière ronde à deux anses, avec couvercle et présentoir en argent repoussé à rocailles et feuillages. Travail étranger.

17 — Paire de saucières ovales à deux anses et plateau adhérent en argent.

18 — Trois petites coupes ovales à deux anses et bord lobé en argent repoussé, feuillages et oiseaux.

19 — Petit plateau de forme ovale et contournée, en argent gravé, repose sur quatre pieds volutes. Travail étranger. Époque Régence.

20 — Coupe en agate, monture en argent filigrané.

21 — Gobelet couvert à trois pieds boules, en argent repoussé, orné de quatre médaillons

bustes de femmes figurant les « Saisons ». Ancien travail allemand.

22 — Aiguière, de style oriental, en argent ajouré et gravé.

23 — Six dessous de carafe en argent.

24 — Lot de quinze épingles de cravate en cuivre, ornées de pierres de couleurs, améthystes, topaze, agate, intailles et camées, etc., etc.

25 — Onze épingles de cravate en or, avec perles cabochons, roses, corail, pièces anciennes, intaille, camée, scarabée, etc. (Seront divisées.)

26 — Épingle de cravate en or, avec perle fine forme poire, montée sur un fleuron pavé de petites roses.

27 — Épingle de cravate en or, avec saphir et quatre petites roses.

28 — Épingle de cravate en or, avec gros brillant.

29 — Parure, composée de deux boutons de chemise et une épingle de cravate en or, avec brillant forme ovale et entourage de petites émeraudes et rubis.

30 — Lot de trois broches, parure de cou, deux épingles de chapeaux en cuivre ornées de pierres de couleurs et perles.

31 — Lot de six pièces : deux épingles de cravates et deux boutons de manchettes en argent, avec pièces de monnaie, une bague ancienne en argent et pierre gravée et une broche en forme d'autruche avec pierre verte et strass; monture en argent.

32 — Lot débris bijoux, cuivre et argent.

33 — Paire de pendants d'oreilles en argent émaillé et pavé d'émeraudes. XVIIe siècle.

34 — Pendentif en or émaillé, en forme de nœud, pavé de rubis et perle cabochon au centre.

35 — Parure de trois pièces : paire de pendants d'oreilles et broche en or, avec perles cabochons, rubis et turquoises.

36 — Broche pendentif en or ciselé, à nœud de ruban et fleurons, avec petite plaque en cristal de roche gravé, encadrée de petits rubis et émeraudes.

37 — Paire de pendants d'oreilles et deux boutons de chemises en or, avec améthystes et petits brillants.

38 — Quatre paires de boutons en or, avec pierres dures et turquoises.

39 — Parure de quatre boutons en or, avec rubis et roses.

40 — Bourse rectangulaire à mailles fines en or.

41 — Broche en or, avec améthyste, gravée et un pendentif médaillon en or.

42 — Main de fatma et chiffre *A. L.* entrelacés en or ajouré et un carnet de bal en or avec tablettes en ivoire.

43 — Chronomètre en or à double boîtier, de *Humbert et Gast, de Genève.* Chiffre et couronne en relief.

44 — Chaîne de montre d'homme en or, anneaux martelés.

45 — Montre d'homme en or guilloché, avec couronne émaillée, mouvement *Bréguet.*

46 — Cinq plaquettes ou boutons en agate et jade, gravées de caractères orientaux; une montée en épingle de cravate; montures en or.

47 — Cinq bagues, dont une avec miniature du XVIIIe siècle : Portrait d'homme; un cachet breloque; un porte-crayon et clef de montre, et trois boutons de chemise en or.

OBJETS DE VITRINE

48 — Miniature de l'époque du Premier Empire : Jeune femme, le buste nu, jouant de la lyre, fond de paysage.

49 — Dessus de boîtier de montre en émail de Genève, et un médaillon ovale : Portrait de jeune femme, dessiné et gravé sur pierre lithographique.

50 — Lot de six pièces : fragment en ivoire sculpté, trois petites figurines bronze et ivoire, une petite coupe et une boîte incomplète en agate.

51 — Médaillon ovale en nacre gravée : l'Assomption; un petit Christ en ivoire; reliure de livres en émail bleu et cuivre doré; et une petite coupe en cuivre et corail.

52 — Tabatière en écaille blonde, monture or, époque Louis XV; et deux boîtes rondes en

racine et vernis, ornées d'un portrait et d'une vue de ville.

53 — Étui de nécessaire en nacre posé d'argent doré. Époque Louis XVI.

54 — Dix-neuf manches de couteaux en jaspe.

55 — Boîte ovale en matière dure, une petite boîte, et une coupe en agate, un lot de plaquettes, camées et intailles en matières dures.

56 — Coupe à deux anses et un présentoir en jade gravé. Ancien travail chinois.

57 — Très petite boîte, de forme contournée, en agate, avec monture en or.

58 — Tabatière rectangulaire en ancien émail de Saxe, à fleurettes et losanges en relief et en blanc sur fond bleu turquoise; monture en or.

59 — Deux tabatières rectangulaires et en forme de corbeille, en ancien émail de Saxe, décor en grisaille et couleurs.

60 — Étui en émail de Battersea, à décors de sujets dans le goût de Watteau en couleurs.

61 — Deux boîtes à poudre et parfums en porcelaine décorée, une avec monture en argent, et deux cendriers en argent et métal.

62 — Coffret en os gravé de sujets religieux. Travail italien.

63 — Boîte ronde en écaille sculptée : paysage à pagodes animées de personnages. Travail chinois.

64 — Boîte rectangulaire en ancien émail de Canton, une coupe en argent émaillé et un lot de pièces de monnaies en argent et bronze.

65 — Lampe, style antique, en bronze, une décoration en plomb peint, deux gobelets, dont un à pied, une boîte à allumettes ancienne en cuivre et une lampe en étain.

66 — Petit missel avec page enluminée du xve siècle.

67 — Vingt-trois pièces : coupes, vases, lampes, etc., étrusques et autres, en terre cuite et poterie.

68 — Paire de petites aiguières en malachite, monture bronze doré, porte-allumettes en verre de Gallé et trois pièces verre taillé et gravé.

PORCELAINES ANCIENNES
EUROPÉENNES

69 — Sous ce numéro, environ cent pièces faïences et porcelaines diverses, modernes. (Sera divisé.)

70 — Quatre plats ronds en ancienne faïence de Savone, décors en bleu.

71 — Deux chopes en ancienne porcelaine de Saxe, à décors de fleurs et sujet chinois en couleurs, l'une avec couvercle en argent. XVIIIe siècle.

72 — Socle en ancienne porcelaine blanche de Saxe-Marcolini, à décor de cartouche et trophée de chasse en relief et rehaussé de dorure.

73 — Deux flacons à thé en ancienne porcelaine de Saxe, l'un fond jaune décoré de réserves de fleurs, l'autre à décor de feuillages en bleu.

74 — Quatorze assiettes dont neuf creuses, deux plats ronds et deux plats ovales en ancienne porcelaine de Saxe, décors variés : bouquets de fleurs en couleur. (Seront divisés.)

75 — Deux plateaux en ancienne porcelaine de Saxe-Marcolini, forme ovale et rectangulaire, à décor de bouquets de fleurs et sujet de chasse.

76 — Partie de service à thé, en ancienne porcelaine de Saxe-Marcolini, décoré en réserve de vues de Braunschweig sur fond vert d'eau, et bordure dorée, comprend : un plateau ovale, une théière, un sucrier, un crémier et une tasse.

77 — Dix-neuf assiettes et un plat rond à marli à vannerie ajourée en ancienne porcelaine de Saxe au point et Marcolini, décors variés, bouquets de fleurs en couleurs. (Seront divisés).

78 — Quarante-une assiettes plates et creuses en ancienne porcelaine de Saxe à pâte gaufrée, à décors variés de bouquets de fleurs, dont seize surdécorées.

79 — Vingt-trois assiettes, dont quatre creuses, à bord contourné en ancienne porcelaine de Saxe, décor de bouquets de fleurs en couleurs.

80 — Un plat rond, quatorze assiettes, un compotier, un ravier, une chocolatière, deux

pots à lait et à crème, verseuse et quatre petites tasses en porcelaine de Saxe décorée.

81 — Petite soupière ronde, avec son couvercle, en ancienne porcelaine de Saxe, décor coréen à fleurs en couleur.

82 — Dix compotiers forme feuille en ancienne porcelaine de Saxe, à décor de bouquets de fleurs en couleurs. (Seront divisés.)

83 — Trois plats ronds et creux en ancienne porcelaine de Saxe, décors variés : fleurs en couleurs.

84 — Cinq tasses et trois soucoupes, et un pot à sorbet en ancienne porcelaine de Berlin, Vienne et Zurich, décors variés. (Seront divisés.)

85 — Assiette en ancienne porcelaine de Berlin, décorée au centre d'une réserve à sujet théâtral du temps de l'Empire sur fond rose rehaussé de rinceaux de dorure; marli fond bleu chargé de fleurs en couleurs.

86 — Quarante-cinq pièces, parties de trois services à thé et café, en ancienne porcelaine de Saxe, de formes variées, décors japonais en rouge bleu et or, à fleurs. (Seront divisés.)

87 — Vingt-deux pièces, parties de services à thé et café, en ancienne porcelaine de Saxe formes et décors variés; bouquets de fleurs en couleurs. (Seront divisés.)

88 — Six assiettes en ancienne porcelaine de Berlin à bord ajouré, décor de bouquets de fleurs.

89 — Sept assiettes, deux plats ovales et deux raviers, forme feuilles, en ancienne porcelaine de Berlin, décor de fleurs en couleurs. (Seront divisés.)

90 — Deux flambeaux en ancienne porcelaine de Saxe, décors variés : fleurs et insectes en couleurs.

91 — Une petite cafetière, deux pots à lait, un petit vase et trois soucoupes en ancienne porcelaine de Saxe, décor en couleurs.

92 — Neuf assiettes en ancienne porcelaine de Vienne, décor de bouquets de fleurs en couleurs.

93 — Plaque rectangulaire en ancienne porcelaine tendre, décor de paysage maritime en

camaïeu rose et couleur et de réserves de bouquets de fleurs aux angles.

Haut., 305 millim.; larg., 245 millim.

94 — Tasse et soucoupe en ancienne porcelaine tendre de Sèvres, décor de rayures bleues et or et guirlandes de fleurs.

95 — Sucrier couvert en ancienne porcelaine tendre de Sèvres, à décor de guirlandes de fleurettes perpendiculaires et filets bleus enroulés de feuillages en dorure.

PORCELAINES ANCIENNES DE LA CHINE ET DU JAPON

96 — Seize assiettes plates et creuses, un plat rond, cinq compotiers, un bol, treize tasses et cinq soucoupes en ancienne porcelaine du Japon, décors variés en bleu, rouge et or. (Sera divisé.)

97 — Dix assiettes et quatre compotiers en ancienne porcelaine du Japon décorée d'émaux de couleurs.

98 — Six assiettes plates, trois creuses et un compotier en ancienne porcelaine de Chine et de la Compagnie des Indes, décors variés en émaux de couleurs.

99 — Trois petits bols, cinq tasses et cinq soucoupes fond capucin, une tasse à anse, cinq petits bols, une soucoupe et théière en ancienne porcelaine de Chine, décors variés en émaux de couleurs de la famille rose.

100 — Vingt et une assiettes plates et un plat en ancienne porcelaine de Chine, décorés en émaux de couleurs de la famille rose de chrysanthèmes dans un encadrement de lambrequins, fond rose.

101 — Deux petits cornets en ancienne porcelaine de Chine, décorés de vases de fleurs en émaux de couleurs de la famille rose.

102 — Un plateau à bord ajouré, un plat ovale, un réchaud, une cafetière et une soupière couverte en ancienne porcelaine de la Compagnie des Indes, décors variés en couleurs et en bleu. (Seront divisés.)

103 — Paire de jardinières rectangulaires en ancienne porcelaine de la Compagnie des Indes, décor de fleurs en couleurs.

104 — Paire de petites potiches couvertes, paire de cornets et deux potiches plus grosses, dont une avec mouton en bronze, en ancienne porcelaine du Japon, décors de fleurs rouge, bleu et or. (Seront divisés.)

105 — Vase-balustre, à quatre faces et deux anses, en ancienne porcelaine du Japon, décor de personnages et fleurs en bleu.

106 — Paire de vases couverts, forme balustre et carrée, en ancienne porcelaine du Japon, à décor de réserves de fleurs sur fond bleu.

107 — Garniture de trois pièces, deux potiches et un cornet en ancienne porcelaine du Japon, à décor de fleurs et paysages en réserve en rouge, bleu et or.

108 — Paire de très grosses potiches couvertes en ancienne porcelaine du Japon, décor de fleurs en bleu, rouge et or.

109 — Garniture de trois potiches octogones en ancienne porcelaine du Japon, à décor de réserves de branches fleuries sur fond bleu.

110 — Objets omis au Catalogue.

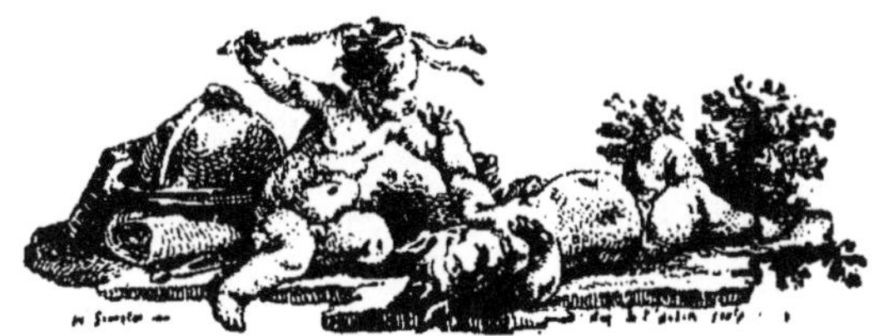

www.ingramcontent.com/pod-product-compliance
Ingram Content Group UK Ltd.
Pitfield, Milton Keynes, MK11 3LW, UK
UKHW020533180726
13839UKWH00005B/2474

9 782329 548630